MARGERIN • VIDAL

SEA SURF and SUN

La Sirène

ISBN : 288461 392 7

En 1778, Cook découvrit les surfeurs à Hawaï ...

En ce printemps 1778, le vent apporta deux présents au peuple de ces îles du Pacifique qui furent baptisées îles Sandwichs. Tout d'abord un présent qu'ils recevaient souvent, qu'ils aimaient et savaient apprécier : une belle houle générant des vagues de plusieurs mètres, bien régulières et bien creuses. Aussitôt le roi Kamehameha, ses enfants, et les plus valeureux et valeureuses jeunes personnes de sa cour s'élancèrent à l'eau avec leur immenses planches sacrées. "Sékoiça" s'écria le roi en arrivant au line up. La place était prise par le deuxième présent, deux énormes bateaux bourrés de soiffards enferraillés à l'œil lubrique, car c'est de cette canaille que se composaient les expéditions des explorateurs de l'époque.

James Cook en était à son troisième grand voyage exploratoire, accompagné de savants de tous poils, mais la justification scientifique était tout de même bien épaulée par des vues économiques et hégémoniques. En guise d'arguments commerciaux, les marins avaient des mousquetons et des sabres, l'or et autres richesses sonnantes et trébuchantes étaient plus recherchées que les coutumes, rites et croyances. Les hommes que l'on n'était pas obligé de tuer pouvaient servir de main d'œuvre, quant aux femmes, quelques-unes se chargèrent à leur insu de transmettre à leur peuple une curiosité biologique qui décima rapidement les populations locales, la syphilis. Grandeur et miséricorde des échanges de culture !

Un siècle plus tard, l'homme civilisé découvrait les joies de la plage

L'impératrice Eugénie, égérie de Napoléon III, a doucement mais inexorablement conduit à l'exil son empereur de mari, par ses conseils souvent belliqueux et peu avisés. C'était une fille d'Espagne, elle n'a pas renié son sang. Mais on lui doit d'avoir lancé vers 1850 la mode des bains de mer à Biarritz. Elle tenait sans doute cette idée des Anglais, qui depuis un siècle déjà appréciaient les vertus du bon air pur marin et les bienfaits curatifs de l'eau de mer. L'histoire de la plage en France commence.

Biarritz devient rapidement une station balnéaire, piquant des clients aux stations thermales. Au début des années 1930, quelques restaurateurs et promoteurs français ont l'idée de lancer la fréquentation des plages en été. En 1936, Léo Lagrange invente les congés payés. En 1944, de nombreux baigneurs américains débarquent en Normandie. En 1946, un Français invente le bikini. Dans les années 1950, les promoteurs bétonnent les côtes européennes. Cela fait cinquante ans que les Californiens surfent Malibu et Hawaï. En 1956, un surfer californien, Peter Viertel, shoote la première vague landaise. A peine cinquante ans plus tard, il faut prendre son ticket au line-up, comme à l'ANPE !

DITES DONC, VOUS, LÀ-BAS !! VOULEZ-VOUS BIEN REGARDER AILLEURS !!

C'était merveilleux, l'homme allait de découverte en découverte

De nos jours, les plages constituent le rendez-vous le plus prisé de mai à septembre. Sur la côte d'azur, même le vacancier le plus acharné, qui arrive à atteindre la mer, ne voit pas la plage : elle est recouverte de chair huileuse, essentiellement européenne, mais très peu française. Après tout, ce sont les Anglais qui ont les premiers apprécié ces plages, et ils les disputent maintenant aux Allemands.

Sur les autres côtes, à part quand il pleut, c'est un peu pareil. Pour le surfer, la situation est à la fois similaire, et plus critique, car parmi les plages, il y a les bons spots, et sur chaque spot, il y a le peak : autant dire que les places sont chères. D'autant que de nombreux adeptes des vagues se disputent ce peak, et qu'ils ne s'entendent pas toujours bien : fun boarders, surfers et biscotteurs ne rechignent pas à s'envoyer des noms d'oiseaux, quand ils n'en viennent pas aux mains.

Le surf bénéficia de ce progrès...

Rite sacré à Hawaï lors de l'arrivée de Cook, le He'enalu a failli disparaître avant d'être rebaptisé surf et relancé au début du siècle dernier par George Freeth, dans la grande île tout d'abord, puis rapidement sur la côte californienne et en Australie. Les vagues ont maintenant du mal à atteindre une plage de n'importe quel coin du globe sans choper un de ces parasites multicolores et exaltés.

Ah, les années 50 à 70 en Californie, c'était autre chose. Les surfers étaient des pionniers, des idéalistes, nomades fauchés dans leurs mini vans mais protecteurs de la nature, sauveteurs de notre mère océan… Les Beach boys chantaient, les filles craquaient, les joints tournaient, Snifff, que c'était beau !

Pourquoi les meilleures choses ont-elles une fin ?

1960

2002

TU PERMETS UNE SECONDE QUE J'ADMIRE CE PAYSAGE SAUVAGE ET PRÉSERVÉ...

Nul ne sait où cela s'arrêtera...

Tonton de Rosnay vous l'expliquerait mieux que moi, surtout qu'il est vachement fort pour causer en public, que son métier c'est de prédire l'avenir et qu'en plus, même que le surf en France, c'est lui et ses copains qui l'ont inventé, d'abord. Mais j'vais quand même essayer de vous en parler, l'avenir c'est tellement chouette.

Alors le surf de l'an 3000, d'abord t'as un casque dans les oreilles avec DJ Pipeline à donf. La vague d'enfer que tu déboules, elle est numérique sur le verre de tes lunettes. Si tes cheveux volent au vent, c'est qu't'as pas oublié de brancher le câble entre ton ordinateur et le ventilo qu'était inclus dans la boite. Et si t'es en slip, c'est que tu t'es vraiment fait dépouiller en achetant le surf de l'an 3000 à la Rnac de Créteil Soleil.

Pourtant le surf a encore des secrets pour certains...

Comment décrire une vague ? Par ses mensurations d'abord : sa hauteur, du creux à la crête, sa longueur, d'une crête à l'autre, sa période, le temps d'en voir passer deux. Mais ces nombres sont moins parlants qu'une belle photo, sauf peut-être pour les pros et les matheux. Si je vous dis 90, 60, 90, je suis sûr que certains d'entre vous se sentent déjà à l'étroit dans leur slip.

Pour une vague, il faut préciser sa cambrure et la distance à la côte de la zone de déferlement, si elle déferle en droite, en gauche ou les deux mon capitaine, ce qu'il y a dessous et autour, récifs, sable, requins, si elles sont disciplinées ou si elles vont dans tous les sens, clapoteuses ou glassy, et tant qu'on y est, il n'est pas inutile de préciser la température de l'eau.

C'est un sport Zen, qui exige calme et puissance

Le surf, ce n'est pas qu'un sport, c'est un état d'esprit, une manière d'être, un mode de vie, une religion si l'on peut encore prononcer ce mot sans évoquer les casseroles de vice et de violence qui l'accompagnent aux quatre coins du monde.

Le surfer considère la mer comme un être vivant, lui voue le culte des cavaliers pour leur monture, appelle les vagues meilleures amies de l'homme, avenir de l'homme.

Le surfer est un homme libre qui chérit la mer. Il la craint, elle lui a probablement déjà cassé quelques planches, et il a peut-être croisé quelques requins. Il s'efforce de la connaître, car il faut anticiper l'arrivée des vagues pour réussir son take-off. Enfin il la respecte, et il aimerait que tous ceux qui la fréquentent en fasse autant.

Et pourtant, c'est avéré, les surfers, tous sans exception, pissent dedans !

Connu pour procurer des sensations fortes...

Le surfer passe le plus clair de son temps à attendre au line up, en discutaillant, en guettant les requins ou tout simplement en se les caillant. Qu'attend-il au juste ?

Ne cherchez pas, il attend tout simplement, car c'est une inactivité qui fait partie intégrante du sport. D'ailleurs sur la plage ou à la terrasse des cafés, ils ont le même regard serein, le sourire à peine perceptible qui peut leur donner un air idiot, le mutisme satisfait, les petits yeux rouge à cause du sel de mer. C'est émouvant, mystique.

Tous les surfers attendent La vague, la plus belle, la plus grosse, la plus effrayante, celle sur laquelle ils sont prêts à mourir. Dans cette quête du Graal, le preux chevalier de légende se nomme Greg Noll, qui shoota à la rame La vague de 1969, à Makaha. Elle faisait environ 30 pieds. Maintenant la quête se poursuit en tracté, ou tow-in, avec jet ski et petite planche lourde équipée de straps. Machado, Parsons ont shooté des vagues de 60, 70, 80 pieds, et en veulent toujours plus.

Le filon mythique est exploité dans tous les sens : le héros de Point Break se fait coincer à l'arrivée forcément prévisible d'une vague de tremblement de terre, et le flic qui le poursuit depuis des années ne peut lui refuser d'aller s'y perdre.

Billabong garde une équipe de pros équipés en tow-in, à l'affût des houles des sept mers, prête à se mettre à l'eau en quelques heures en n'importe quel point du globe, pour filmer le premier qui shootera 100 pieds !

Pour qui a la patience d'apprendre...

Leçon numéro un : vous voici au pied du mur, sur la plage avec une combi et une planche, et forcément quelques copains à l'affût de vos réactions. Vous allez vous mettre à l'eau pour la première fois avec l'idée d'apprendre le surf. Bon courage.

Si vous avez fermement décidé de devenir un surfer, vous avez peut-être une planche neuve. Vous devez donc mettre de la wax pour ne pas glisser, vous le savez, c'est écrit partout. Mais ce n'est pas si simple : vous ne savez pas encore où vous mettrez vos pieds. Et vous avez beau frotter, ça n'accroche pas. Au bout d'une demi-heure, votre pain de wax est plein de sable, et le résultat est bien en deçà de vos espérances. Vous avez répété le mouvement de redressement sur la plage, le sable s'est bien incrusté dans la paraffine, et vous savez si vous êtes regular ou goofy, vous avez donc choisi la bonne cheville pour accrocher le leash. Vous décidez alors d'enfiler la combi : comptez encore un bon quart d'heure d'effort, et essayer de respirer sans trop suer. Ah que c'est bon de rentrer dans l'eau.

Le courage...

Leçon numéro 2 : les premières petites vagues d'écume vous passent entre les mollets, vous maintenez votre planche pointée vers le large d'une main. Lorsque l'eau vous arrive en haut des cuisses, vous décidez de commencer à ramer. Le temps de trouver une position stable sur la planche, la première petite vague vous a fait reculer de dix mètres.

Une heure plus tard, vous arrivez en vue du line-up, en vue mais juste en dessous. Vous vous essoufflez à maintenir votre position en attendant une accalmie pour passer. Voilà, c'est maintenant, mais vous n'avez plus de force dans les bras. L'effort vous arrache des hurlements de rage. Plus vite, plus vite, trop tard ! Une énorme vague se dresse devant vous, un surfer bien placé vous frôle en vous traitant de cafard, votre planche se cabre, vous tentez pour la première fois un canard, mais ces volatiles sont habiles, et vous prenez votre premier tour de machine à laver.

Non, ne rentrez pas, il faut tenir le choc. Vous en avez pour quinze jours de frustration avant de réussir à monter sur votre planche pour une course d'une ou deux secondes avant la chute. Mais quel bonheur ça sera !

Et la persévérance...

Il n'y a pas que les surfers pour glisser sur les vagues, et heureusement car ce n'est pas un sport très simple, et l'apprentissage est long et pénible. Pour ne pas devoir tout apprendre d'un coup, et s'amuser vite, il existe des variantes : le Morey boogie permet de prendre les vagues allongé sur une petite planche légère, en mousse, avec des palmes au pieds. La formule permet de se familiariser avec les vagues, de bien comprendre le timing au take-off, de remonter facilement, et même d'effectuer des figures époustouflantes.

Déclinons le principe avec le kneeboard, à genoux sur la planche et le bodysurf, sans rien. Évidemment en bodysurf, les figures sont un peu limitées. Les skimboarders exploitent la dernière énergie de la vague, quand elle vient mourir sur le sable en s'élançant à pied sur une planche très fine, sur la pellicule d'eau qui redescend la plage. Les vagues peuvent aussi servir de tremplin, c'est ce qu'apprécient les fun-boarders et les kite-surfers. L'un et l'autre se déplacent grâce à la force du vent, l'un avec une voile, l'autre un cerf-volant.

Le succès est au bout de l'effort

OK ! vous avez pris la vague, vous êtes debout sur la planche, elle file sur la vague. Maintenant, il faut briller. Parmi les figures de légende, il y a le hang ten, qui consiste à s'avancer jusqu'à l'avant de la planche, de préférence un Malibu bien lourd, et à faire faire trempette à ses dix orteils en même temps. Bravo.

Si vous voulez impressionner, vous pouvez également descendre la vague à toute vitesse, effectuer un virage en pleine vitesse tout en bas, un bottom turn bien radical, et remonter si vite que la planche décolle entièrement au dessus de la vague, un aerial. Bien entendu, il faut retomber dans le bon sens, et recommencer.

Plus dur, pendant votre aerial, faites un 360, voire un 720. Pour vous reposer, un petit floaty, transformez votre planche en savonnette sur le sommet de la vague, et pour écouter les beach boys, surfez dans le tube.

Lorsque vous ferez tout cela avec aisance, inscrivez-vous aux compétitions et entamez une carrière pro.

Le statut de rêve de surfer pro

Mais comment font-ils ? Non, pas pour surfer, pour vivre ? Et bien comme tout sport de haut niveau, le surf rapporte aux champions, et plutôt mieux que l'escrime.

Tout d'abord il y a des prix en Euros, à chaque épreuve, soit plusieurs fois par mois. 500 euros par ci, 1 000 euros par là, ça paye déjà l'essence du van. Ensuite, et bien que les étapes du circuit soient moins bien retransmises que celles du tour de France, il y a des sponsors : ni Michelin ni Lapeyre, mais Gotcha, Quicksilver ou Oxbow. On économise beaucoup plus que le prix du matériel. Enfin pour le gîte et le couvert, les mécènes sont nombreux à vouloir inviter à leur table puis sous leur toit ces jeunes éphèbes aux corps musclés.

Et peut-être la gloire

Duke Paoa Kahinu Mokoe Hulikohola Kahanamoku est tout simplement le plus grand surfer de tous les temps. Né en 1890, il a vécu 78 ans, et surfé presque autant. C'était un nageur hors pair, champion du monde du cent yards nage libre à 21 ans, plusieurs fois médaillé olympique, dont la médaille d'or avec l'équipe américaine de water-polo à quarante deux ans.

Il a surfé un peu partout, essaimant la soif de ce sport aux quatre coins de la planète, en particulier en Australie dés 1915. Et en France alors ? Il parait que les vagues landaises sont plus hautes que celles de Californie, sans requins ni récifs. Il faut croire qu'il n'en a jamais entendu parler puisqu'il n'a même jamais mis les pieds dans l'eau à Biarritz !

Le sport comporte tout de même quelques risques

Parents, vous pouvez envoyer vos enfants en séjour linguistique en Angleterre, aux Etats-Unis ou sur les spots de surf. Ce sont les ricains qui ont " inventé " le surf, et ils en ont profité pour imposer (encore) leur vocabulaire et leur langue si chantante. A part quelques termes pour lesquels le français est toléré, la planche, les vagues, tout ce qui se rapporte au surf se désigne avec les mots anglais, souvent sans équivalent dans la langue de Molière : toutes les figures, une grande partie du matériel, et même la description de la mer.

On parle plus facilement entre surfers de swell que de houle, de reefs que de récifs, de shape que de forme, de fin que de dérive. Et même le leash, la laisse qui relie le surfer à sa planche, une invention française, n'a pas de nom français.

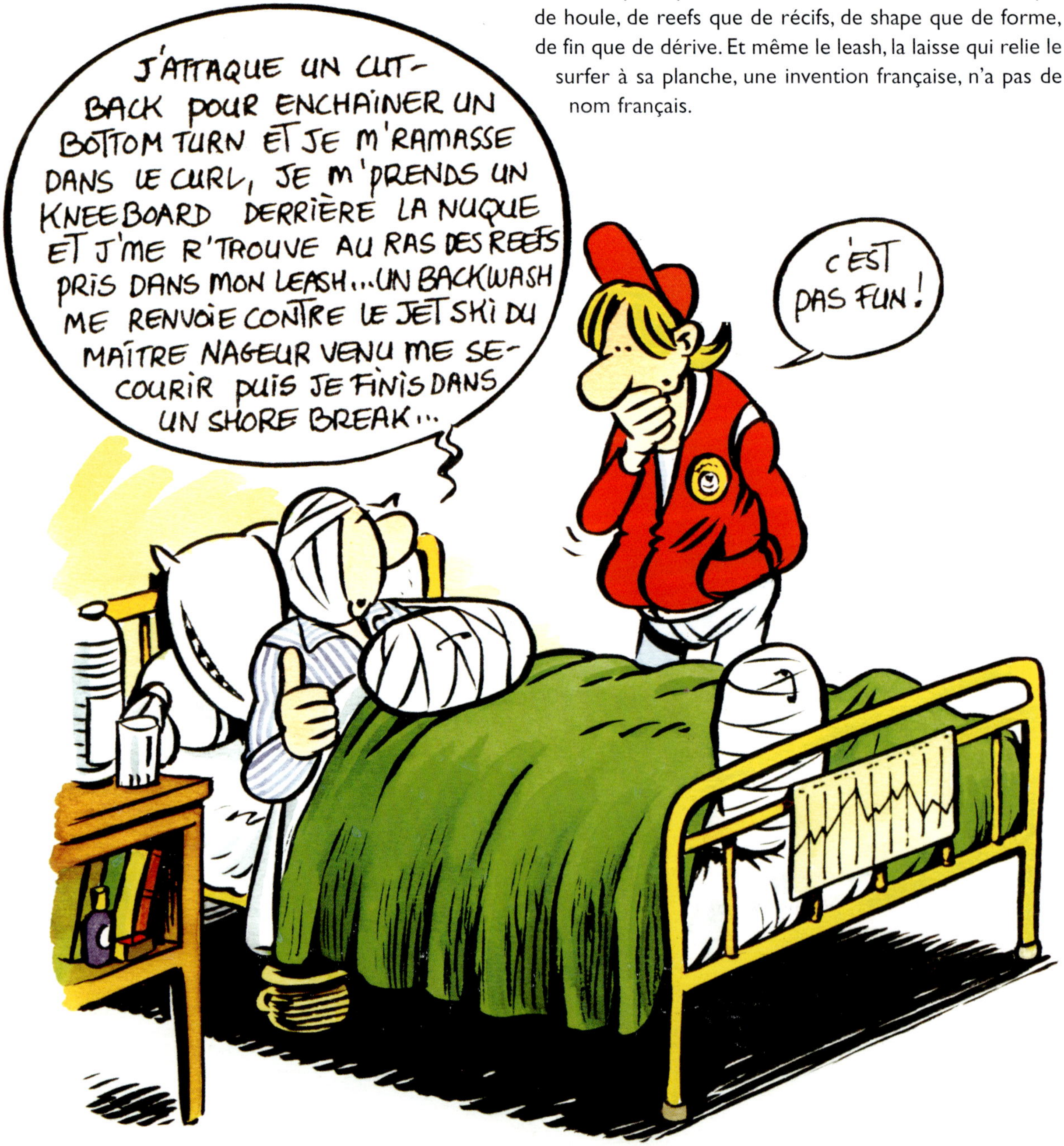

Mais vous apprendrez vite

Parmi les petits soucis des surfers, on compte nos amis les bêtes : les requins pour leur manie de mordiller, les méduses dont les filaments venimeux irritent indéniablement. Lorsque l'une d'entre elles vous arrive dans le visage avec la vague, vous pouvez rester deux jours sur la plage, boursouflé et borgne si vous avez eu le réflexe de tourner la tête. Pour savourer la plage et ses naïades, ce n'est pas la meilleure situation. Il y a aussi les irritations dues aux frottements sur la planche, en ramant par exemple.

Un conseil, mettez un lycra sous la néoprène. Un autre conseil, ne faites pas le fier : ignorer la douleur, c'est jouer le jeu de l'eau salée, et vous en prendrez encore pour deux jours de plage, sans aucune envie de vous frotter à qui que ce soit, même si elle a la peau très douce.

Tout d'abord il vous faut une planche

Parlons un peu matos. Il existe des planches si petites qu'on se demande comment elles flottent avec les tas de muscles qu'elles supportent, et des planches si grandes qu'on les croirait destinées au transport en commun. Certaines sont plutôt trapues, d'autres élancées. Il reste des planches avec une seule dérive, mais la plupart en ont deux, trois et même quatre. Enfin, pour un néophyte, elles se ressemblent toutes, mais les connaisseurs jaugent d'un coup d'œil à leur forme leur potentiel de maniabilité et de stabilité.

Si vous n'arrivez pas à distinguer un Malibu d'un gun ni un shortboard d'un fishtail,, défiez vous d'aller chez un shaper, ce serait trop facile pour lui de vous fourguer une enclume, une savonnette ou un baobab à prix d'or.

Vos premiers essais seront vos meilleurs souvenirs

Ils avaient vingt ans à Biarritz à la fin des années 50, c'est vous dire s'ils méritent le titre de tontons. Ils découvraient le surf, et l'inventaient en même temps, n'ayant que peu d'informations, et encore moins de matériel à leur disposition.

Leurs premiers essais de fabrication de planches feraient se tordre de rire les Hawaïens. Mais ils avaient à leur disposition, sans personne dessus, des vagues de rêve. Alors ils ont insisté, ont forcé toutes les réticences, ont surfé avec des planches sans dérive, des planches en pin des landes ou des planches gonflables, ont bravé les élus frileux, et ont fini par faire de Biarritz le berceau du surf européen. Et croyez moi, ils n'en sont pas peu fiers, les Biarrots.

Ensuite il faut choisir sa plage

Vous n'avez effectivement que l'embarras du choix, alors voici quelques noms, et quelques conseils : les vagues de légende sont en hiver dans l'archipel d'Hawaï, mais même si vous nagez vraiment bien et que vous êtes un caïd au skate, évitez d'y faire votre initiation. Les locaux n'apprécieraient pas, et vous n'apprécieriez pas les coraux, qui affleurent par endroits. Pipeline, Maverick, Teahupoo, Cortes Banks, c'est pas pour vous tout ça. Sans quitter l'hexagone, vous avez avez également de quoi vous faire peur à Guéthary Lafiténia, Parlementia, Hossegor La Gravière. Pas pour les débutants non plus tout ça.

Pour débuter, pratiquement où que vous soyez sur le bord de mer, sauf peut-être à Hawaï, il existe un spot pas loin de chez vous qui à la bonne époque, la bonne heure, la bonne marée, la bonne météo, vous offre de belles petites vagues déjà pas si facile à prendre. Il y a vite plus d'un mètre sur le lac Léman !

Non pas celle-ci

Il y a des idées fausses tenaces, il est bon de corriger ces erreurs qui perpétuent la tradition des pollueurs et des râleurs : non, les plages ne sont pas de plus en plus polluées, au contraire. Avant que l'OMS n'attire l'attention sur les dangers pour la santé publique de la pollution des sites balnéaires, en 1972, c'était bien pire. Les plages d'Europe sont maintenant nettoyées chaque année, surveillées, et les communes qui ont bien pris la mesure de leur intérêt économique ne considèrent plus la mer comme une immense décharge. Non, les plages désertes et inaccessibles du bout du monde ne sont pas immaculées, au contraire, l'essentiel de la pollution venant maintenant des mers, déchets emportés par vents et courants, ou nappes de pétrole dérivant après un dégazage interdit mais encore très pratiqué.

Ni celle-là

Dans la lignée des grands pollueurs, la pire espèce continue à sévir un peu partout, mais surtout là où les plages sont les plus belles, les plus sauvages, les mieux préservées. Après avoir saccagé La Baule, Fécamp, un bon tiers de la Côte d'Azur, les promoteurs continuent à bétonner les côtes africaines, sud américaines, indonésiennes …

En France, le conservatoire du littoral bloque beaucoup de choses, et fait aussi quelques dégâts en croyant préserver des sites avec son effroyable technique de l'enrochement. Combien de responsables bien intentionnés parlent avec une parfaite bonne conscience de " l'industrie du tourisme " !

Sur la plage vous ferez des rencontres

Une des grandes vertus de la plage est de réunir sur de grandes étendues dégagées, et dans de très simples appareils, des éléments d'humanité issus d'origines les plus diverses. Cela rappelle l'armée pour les appelés, mais version internationale. Le cadre supérieur y côtoie l'ouvrier spécialisé comme le fonctionnaire, haut ou bas, avec toute leur famille, les uns venant de Düsseldorf, les autres d'Aberdeen, d'Almeria ou de Vesoul. Lorsque tout le monde allume sa radio, cela devient vite cacophonique. Les us et coutumes diffèrent d'un pays à l'autre : les Américains sont choqués d'apercevoir la poitrine d'une fillette de cinq ans, les Hollandaises se font un devoir de sourire, les Italiens en déduisent qu'ils plaisent particulièrement et veulent pousser leur avantage, quant aux Corses, en parler c'est déjà prendre un risque. Au croisement des trois éléments, terre, air, mer, la plage est un monde à part.

A la mer, les gens sont détendus, serviables

Vous souvenez vous de votre père approchant un gros coquillage de votre oreille de petit garçon ou de petite fille. " Ecoutes la mer ". Et vous entendiez le souffle marin filant sur les immenses étendues sauvages, le fracas étouffé des vagues, il n'y avait plus qu'à imaginer les cris des oiseaux, le bruissement des feuilles de palmier, le crissement du sable sous vos pieds. Pour se croire en vacances d'été sur la côte, il fallait rajouter la radio du voisin et les braillements de la famille d'à-côté.

Maintenant, il faut oublier tout cela, car les quads sur la plage, et les jets sur l'eau passent et repassent en pétaradant, crachant leurs gaz d'échappement et répandant des nappes huileuses. Même les surfers qui philosophaient des heures loin des bruits de la plage doivent maintenant supporter ce ballet cacophonique et partager les vagues. Et le pacte diabolique est scellé avec le surf tracté par un scooter de mer. L'esprit du surf en prend un coup.

Toutes sortes de gens se promènent sur l'eau

Au bord de la mer comme dans la vie, il faut être tolérant. Sur la plage, supportez en souriant le son pourri et les goûts musicaux douteux de vos voisins, renvoyez poliment le ballon qui vient de vous refaire un profil en éclatant vos lunettes de soleil sur votre nez. Raccompagnez dix fois s'il le faut le bambin baveux qui a décidé qu'il plongerait ses petites mains pleines de doigts chocolatés au fond de votre sac. C'est à vous de faire attention de ne pas occuper la trajectoire des chars à voile. Puisque vous avez décidé de vous baigner, ne vous formalisez pas si vous vous faites arroser, et ne râlez pas pour un petit choc avec une planche. Après tout, c'est à cause de vous si son occupant est tombé à l'eau. N'oubliez pas que tous ces gens se précipiteront au péril de leur vie pour vous aider si vous vous noyez au large.

TU FAIS QUAND MÊME ATTENTION RAOUL, NE T'ÉLOIGNE PAS TROP DE LA CÔTE !!

Les vagues réunissent de nombreux passionnés

En attendant de devenir le pro que vous rêvez d'être, et devant lequel les autres surfers béats d'admiration s'effaceront pour le plaisir de vous voir évoluer sur les plus belles vagues, il vous faut apprendre avec la masse grouillante agglutinée au line up. Tous ces sympathiques vacanciers évoluent dans une ambiance bon enfant sans se douter de votre future carrière fulgurante. Avec le sourire, ils vous font remarquer quand ce n'est pas votre tour, sans pour cela vous accuser de snaker. Après vous avoir abandonné une vague, ils vous rejoignent pour vous rappeler qu'ils étaient debout et plus proche du pic que vous. En faisant un large détour par l'écume, ils vous crient au passage que vous devriez contourner la zone surfable lorsque vous remontez, surtout que vous ne pratiquez pas le canard. Attentionnés, ils s'intéressent à votre leash qui se décroche un peu souvent à leur goût. Ah s'ils savaient, ils auraient honte de leur mielleries doucereuses et effrontées. Un jour, vous leur montrerez !

En cas de conflit, ne craignez rien, les CRS veillent

Tous les sports évoluent maintenant vers une radicalisation qui peut s'avérer dangereuse. La protection civile est de plus en plus complexe et nécessaire. Chaque année, les dangers pourtant bien connus tapis dans l'ombre de mère nature guettent les sportifs de l'extrême. N'oubliez pas qu'un mètre cube d'eau pèse une tonne, que le soleil quand il est en forme, vous fait une brûlure au troisième degré en moins de deux heures, que l'hydrocution est une réaction fréquente et surtout surprenante qui permet de se noyer dans vingt centimètres d'eau, qu'après avoir nagé vers le large, il faut nager autant avant de se reposer, que les courants, même forts, se voient mal de la plage, mais vous emportent sans se fatiguer, eux. Enfin admettez qu'une planche de surf lancée à trente kilomètres heure avec un surfer de quatre vingt kilos dessus et une vague d'un mètre cinquante derrière, c'est le pied.

PLAGE DES MOUETTES
AVIS AUX NAGEURS
DANGER
ATTENTION IMPORTANT
SECOURS
CONSEILS
ATTENTION
TRES IMPORTANT
PRUDENCE
INTERDIT
EH BIEN RAOUL, TU VIENS PAS TE BAIGNER ?!
ATTENDS UNE MINUTE JOSIANE, J'AI PAS FINI DE LIRE LE MODE D'EMPLOI !

En définitive,
le surf c'est comme tout,
il suffit de bien lire la notice.

Achevé d'imprimer en Juin 2002
par OBERTHUR Graphique
35000 RENNES